Energía para el presente

Etanol
y otros combustibles nuevos

Por Tea Benduhn

Consultora de lectura: Susan Nations, M.Ed., autora/consultora
en alfabetización/consultora de desarrollo de la lectura

Consultora de ciencias: Debra Voege, M.A.,
especialista en recursos curriculares de ciencias

WEEKLY READER®
PUBLISHING

Please visit our web site at www.garethstevens.com.
For a free color catalog describing our list of high-quality books,
call 1-800-542-2595 (USA) or 1-800-387-3178 (Canada). Our fax: 1-877-542-2596

Library of Congress Cataloging-in-Publication Data

Benduhn, Tea.
    [Energy for today. Spanish]
     Energía para el presente : etanol y otros combustibles nuevos / por Tea Benduhn.
        p. cm. — (Energía para el presente)
    Includes bibliographical references and index.
    ISBN-10: 0-8368-9266-6 — ISBN-13: 978-0-8368-9266-6 (lib. bdg.)
    ISBN-10: 0-8368-9365-4 — ISBN-13: 978-0-8368-9365-6 (softcover)
    1. Alcohol as fuel—Juvenile literature. 2. Fuel—Juvenile literature. 3. Power resources—Juvenile literature. I. Title.
TP358.B3818   2009
662'.6692—dc22   2008021322

This edition first published in 2009 by
Weekly Reader® Books
An Imprint of Gareth Stevens Publishing
1 Reader's Digest Road
Pleasantville, NY 10570-7000 USA

Senior Managing Editor: Lisa M. Herrington
Senior Editor: Brian Fitzgerald
Creative Director: Lisa Donovan
Designer: Ken Crossland
Photo Researcher: Diane Laska-Swanke
Special thanks to Kirsten Weir

Spanish Edition produced by A+ Media, Inc.
Editorial Director: Julio Abreu
Translators: Adriana Rosado-Bonewitz, Luis Albores
Associate Editors: Janina Morgan, Rosario Ortiz,
    Bernardo Rivera, Carolyn Schildgen
Production Designer: Faith Weeks

Image credits: Cover and title page: © Don Farrall/Getty Images; pp. 5, 7: © Photos.com/Jupiterimages Unlimited;
p. 6: © John Klein/Weekly Reader; p. 9: © iStockphoto.com; p. 10: © Sai Yeung Chan/Shutterstock; p. 11: © John Shaw/
Photo Researchers, Inc.; p. 12: © Pasquale Sorrentino/Photo Researchers, Inc.; p. 13: © Hougaard Malan/Shutterstock;
p. 15: © Bobbi Lane/Weekly Reader; p. 16: © Carolina K. Smith, M.D./Shutterstock; p. 17: © Mark Boulton/Photo
Researchers, Inc.; p. 18: © ETH Zurich; p. 19: © Nilo Lima/Photo Researchers, Inc.; p. 21: © Corbis RF/Alamy

Printed in the United States

1 2 3 4 5 6 7 8 9 10 09 08

Contenido

Las palabras definidas en el glosario están impresas en **negritas** la primera vez que aparecen en el texto.

Capítulo 1

¿Qué son el etanol y otros combustibles nuevos?

¿Te imaginas un auto que usa maíz? Puede sonar como una idea loca. Pero, muchos autos ya usan la energía del maíz. El etanol es un tipo de combustible hecho de maíz u otras plantas. Se le añade a la gasolina de los autos.

El etanol es un tipo de **alcohol**. Se hace de azúcares en las plantas. El azúcar da al maíz su sabor dulce. Casi todas las plantas contienen azúcares, aun plantas que no comemos. Se puede hacer etanol de muchas plantas. Pasto, soya y madera pueden convertirse en etanol. Brasil usa caña de azúcar para hacerlo.

El maíz no sólo es alimento. ¡También es fuente de energía!

El etanol no es el único combustible vegetal. El **biodiésel** también viene de plantas. Casi todas tienen aceites. El biodiésel es de aceites vegetales.

Hace más de 100 años el inventor Rudolph Diesel creó un motor que usaba aceite vegetal como combustible. El motor diésel fue popular, pero usar aceite vegetal como combustible no tuvo éxito. En años recientes se ha vuelto a usar el biodiésel.

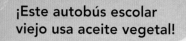

¡Este autobús escolar viejo usa aceite vegetal!

Hay agua en casi toda la Tierra. Si los científicos lo logran, el agua podría ser una gran fuente de combustible.

El etanol y el biodiésel son combustibles nuevos hechos de plantas. Algunos inventores buscan nuevos combustibles de una fuente diferente: ¡agua! Se puede usar para hacer un combustible llamado **pilas (o baterías) de hidrógeno**. Es muy caro fabricar motores que usan pilas. Pero se trabaja para hacer pilas mejores. Se espera que el hidrógeno sea el combustible del futuro.

Capítulo 2

Fuentes de energía

¿Por qué el combustible es tan especial? Porque se usa para producir **energía**. La energía es la habilidad de mover personas y cosas. Hay diferentes tipos de energía. Si estás sentado, tienes energía que no usas. La energía almacenada se llama **energía potencial**. Al levantarte y caminar, la energía se vuelve **energía cinética**, o en movimiento. El combustible es energía potencial. Almacena energía para mover autos y aviones.

Es difícil obtener combustibles fósiles. Una bomba saca petróleo de lo profundo de la tierra.

Hoy casi todos los autos y camiones usan gasolina. La gasolina viene del petróleo extraído de la tierra. Es un **combustible fósil**. Se formó de los restos de plantas y animales que vivieron hace millones de años. El carbón y el gas natural también son combustibles fósiles. Son **recursos no renovables**. No se pueden volver a usar.

Se queman combustibles fósiles para liberar su energía. Casi todos los autos obtienen su energía al quemar gasolina. Quemar combustibles fósiles contamina. La **contaminación** son materiales dañinos en el aire, agua o tierra. Es difícil respirar aire contaminado. Cada día se queman grandes cantidades de combustibles fósiles.

El aire contaminado cubre ciudades grandes, como Los Ángeles, California.

Al calentarse la Tierra, los osos polares y otros animales pueden perder sus hogares.

Quizás has oído hablar del **calentamiento global**. La temperatura de la Tierra sube poco a poco. Muchos científicos dicen que se debe a la contaminación de los combustibles fósiles. Este calentamiento puede cambiar cómo vivimos. Los científicos dicen que el calentamiento global hará que desaparezca el hielo en lugares fríos, como el Polo Norte. También puede cambiar el clima y crear más tormentas.

Científicos buscan formas nuevas para usar plantas como combustible.

A muchas personas les preocupa el calentamiento global. Quieren combustibles que no contaminen. También que no se acaben. Cada año, los combustibles fósiles son más caros porque se están acabando. Los científicos buscan fuentes de energía más limpias y que no se acaben.

¿Por qué el maíz y otras plantas son fuentes de combustible buenas? Son **recursos renovables**. Se pueden sustituir. Al usar plantas, podemos cultivar más para sustituirlas. Las plantas también ayudan a limpiar el aire. Liberan el **oxígeno** que respiramos. Lo necesitamos para vivir. Podemos hacer combustible de plantas. Los científicos tienen que encontrar formas para convertir plantas en combustibles sin contaminar.

El oxígeno nos da la energía necesaria para vivir.

Capítulo 3

Cómo funcionan los combustibles nuevos

Las plantas como combustibles se han usado por miles de años. Se quemaba madera para calentar y cocinar. También se usaban aceites vegetales en lámparas para iluminar. Mucho después, algunos de los primeros autos usaban combustible de aceite vegetal. Hoy, aún se usan las plantas como combustible en algunas de estas formas.

Las plantas obtienen energía de azúcares. Para hacer azúcar, las plantas necesitan un gas llamado **dióxido de carbono**. Demasiado dióxido de carbono en el aire lleva al calentamiento global. Quemar combustibles fósiles libera mucho dióxido de carbono. Quemar combustibles de plantas libera menos. Algunos científicos dicen que usar plantas como combustible reducirá este calentamiento.

Nosotros liberamos dióxido de carbono al respirar. Las plantas lo usan para hacer azúcares.

Cada vez hay más autos que usan combustible que es 85 % etanol.

Para convertir plantas en combustible, los científicos usan **levadura**. La levadura se alimenta de plantas. Convierte sus azúcares en etanol. Éste se mezcla con gasolina. Casi todos los autos usan una mezcla de 10 % de etanol y 90 % de gasolina. Hay autos que pueden usar combustible de casi todo etanol. Se usa un poco de gas en la mezcla. Usar más etanol reduce la contaminación.

El biodiésel debe mezclarse con combustibles fósiles para funcionar bien. Los aceites vegetales se hacen espesos al estar fríos. El aceite espeso puede dañar el motor de un auto. Mezclar aceites vegetales con combustibles fósiles les ayuda a mantenerse finos y resbalosos. Hoy hay autos que usan diésel hecho de combustibles fósiles. Se pueden comprar accesorios especiales para convertir esos autos y usar biodiésel.

Se pueden convertir algunos autos para usar biodiésel hecho de aceite vegetal.

Los combustibles hechos de plantas pueden ser buenas fuentes de energía. El combustible de hidrógeno puede ser aun mejor. Las pilas de hidrógeno pueden almacenar mucha energía. El combustible de hidrógeno no contamina. No libera dióxido de carbono. Pero hacer pilas de hidrógeno es difícil. Se puede obtener hidrógeno del agua, pero es muy caro.

Este auto de prueba usa una pila de hidrógeno. No contamina y puede andar miles de kilómetros con un solo galón de gasolina.

Capítulo 4

Los combustibles nuevos en el futuro

¿Qué combustibles darán energía en el futuro? Quizás un día el etanol, hidrógeno y otros combustibles nuevos puedan sustituir a los combustibles fósiles. Hay personas que ya empiezan a usar estos combustibles. En el futuro, tendremos que usar aun más combustibles nuevos. Hoy es caro hacer etanol y biodiésel. Es aun más caro hacer pilas de hidrógeno. Los científicos buscan combustibles nuevos para el futuro.

Hacer combustible de plantas no es perfecto porque tenemos que cultivar mucho maíz y otras plantas. También necesitamos maíz y soya como alimento. Para cultivar las plantas suficientes para combustible, necesitamos mucha tierra. El etanol y el biodiésel producen mucha menos energía que la gasolina. Antes de poder sustituir a los combustibles fósiles, necesitamos una mejor manera para convertir a las plantas en combustible.

El cultivo de plantas para combustible usa mucha tierra. ¿Deberían talarse los bosques tropicales para cultivar caña de azúcar o soya para hacer etanol?

Muchos científicos buscan combustibles nuevos para el futuro. Por ahora, casi toda nuestra energía aún viene de combustibles fósiles. ¿Cómo podemos evitar la contaminación y el calentamiento global? Podemos usar menos energía. Podemos caminar o usar bicicletas en vez de autos. Podemos leer libros en lugar de ver televisión. Ahorrar energía siempre será una buena idea.

Puedes ahorrar energía al usar una bicicleta en vez del auto.

Glosario

alcohol: sustancia hecha de azúcares de plantas que puede usarse como combustible

biodiésel: un tipo de combustible hecho de aceites vegetales

calentamiento global: elevación lenta de la temperatura de la Tierra

combustible fósil: una fuente de energía, como petróleo, gas o carbón, formada de los restos de plantas o animales que vivieron hace millones de años

contaminación: materiales dañinos en el ambiente

dióxido de carbono: gas que necesitan las plantas para hacer azúcares. Las personas y los animales liberan dióxido de carbono cuando respiran.

energía: la habilidad de hacer un trabajo

energía cinética: energía en movimiento

energía potencial: energía que se almacena

levadura: un animalito que come azúcares de plantas y las convierte en alcohol

oxígeno: gas que necesitan todos los animales para vivir

pilas de hidrógeno: un tipo de combustible hecho de una sustancia en el agua

recursos renovables: que se pueden usarse de nuevo. Los recursos renovables pueden ser aire, agua, luz solar, viento, plantas y animales.

recursos no renovables: que no se pueden usar de nuevo. Al usarse, se van para siempre. Los combustibles fósiles son recursos no renovables.

Para más información

Libros

Air Pollution. Science Matters (series). Heather C. Hudak
(Weigl Publishers, 2006)

Amazing Plants. Amazing Life Cycles (series). Honor Head
(Gareth Stevens, 2008)

Hydrogen: Running on Water. Energy Revolution (series). Niki Walker
(Crabtree, 2007)

Sitios Web

Kaboom! Energy

tiki.oneworld.net/energy/energy.html

Aprende más sobre los combustibles vegetales y las pilas de combustible.

Science News For Kids

www.sciencenewsforkids.org/articles/20060412/Feature1.asp

Lee más sobre el etanol y unas ideas atrevidas para crear combustibles nuevos.

Nota del editor para educadores y padres: Nuestros editores han revisado meticulosamente estos sitios Web para asegurarse de que sean apropiados para niños. Sin embargo, muchos sitios Web cambian con frecuencia, y no podemos asegurar que el contenido futuro de los sitios seguirán satisfaciendo nuestros estándares altos de calidad y valor educativo. Se le advierte que se debe supervisar estrechamente a los niños siempre que tengan acceso a Internet.

Índice

Acerca de la autora

Tea Benduhn escribe libros y edita una revista. Vive en el hermoso estado de Wisconsin con su esposo y dos gatos. Las paredes de su casa están cubiertas de repisas llenas de libros. Tea dice: "Leo todos los días. ¡Es más divertido que ver televisión!"